As for me, I speak French perfectly.
Moi je parle français parfaitement.

quiet buzz bulle yellow pirat ette très ddle question rat

parapluie feu chaise

sea lion tongue kitchen

coin ostrich up jambon

early yet whack

essence

lion

luge

breakfast

oeuf journal

jeter biberon

ink pantalon

rayon grange papillon lasso

zyxuzpf junkyard étoiles

campagne nuage cheese alphabet gros

xanthophyll moon mais raincoat

indien ink roi yard X-ray Valentine

junkyard Halloween shadow axe freeze poire tricycle joke cirque neuf

télévision ice skates hop bonbon abeilles key whale flèche net hard

vaccination tasse ear knife wait

The Cat in the Hat

Beginner Book

DICTIONARY

in FRENCH

TED SMART

This edition specially produced for The Book People Ltd,
Catteshall Manor, Catteshall Lane, Godalming, SURREY GU7 1UU.

Trademark Random House Inc.
Authorised user HarperCollins*Publishers* Ltd

First published in the UK 1967 by William Collins Sons & Co Ltd
This edition published in the UK in 1997 by HarperCollins*Children's Books*,
a division of HarperCollins*Publishers* Ltd
©1965, 1964 by Random House Inc
A Beginner Book published by arrangement with Random House Inc.,
New York, USA

ISBN 0 583 33287 0 (Hardback)

2 4 6 8 10 9 7 5 3 1

Printed and bound in Singapore by Tien Wah Press.
Regenerated in 1997 by Mitchell Graphics, Scotland.

This book is based on the original
Beginner Book Dictionary and was
adapted into Beginners' French
by ODETTE FILLOUX
of the Department of Linguistics
University of California at San Diego

A a

Aaron

Aaron is an alligator.

Aaron est un crocodile d'Amérique.

above

Aaron above the clouds.

Aaron au-dessus des nuages.

about

Aaron is about to go up.

Aaron est prêt à s'envoler.

accident

An accident. Poor Aaron!

Un accident. Pauvre Aaron!

across

Abigail goes across.
Abigail traverse.

add

Abigail is adding.
Abigail additionne.

aeroplane

Two aeroplanes.
Deux avions.

afraid

Abigail is afraid.
Abigail a peur.

after

A mouse after a cat.
Une souris après un chat.

again

Aaron is up again.
Aaron est encore là-haut.

ah

Say ah.
Dis A.

3

ahead

The cat is ahead.
Le chat est en avant.

along

Along the shore.
Le long de la côte.

alike

All alike.
Tous pareils.

alphabet

Our alphabet.
Notre alphabet.

alone

All alone.
Tout seul.

always

Always accidents!
Toujours des accidents!

4

American

An American Indian.
Un Indien Américain.

ant

Ants in pants.
Des fourmis dans le pantalon.

angry

An angry animal.
Un animal en colère.

How many letters
in the alphabet?

Combien de lettres
dans l'alphabet?

There are twenty-six of them.
Il y en a vingt-six.

another

Another angry animal.
Un autre animal en colère.

apple

answer

"Answer, quickly!"
"Répondez, vite!"

5

An armful of apples.
Une brassée de pommes.

arrow

He shoots an arrow.
Il tire une flèche.

ask

She is asking for an apple.
Elle demande une pomme.

asleep

Aaron asleep.
Aaron endormi.

Aaron awake.
Aaron éveillé.

aunt

Aunt Ada.
Tante Ada.

auto-mobile

Aunt Ada's automobile.
L'auto de Tante Ada.

away

Away she goes!
La voilà qui s'en va!

axe

A very big axe.
Une très grosse hache.

6

B b

baby

A good baby.
Un bon bébé.

back

On the back of a lion.
Sur le dos d'un lion.

bad

A bad baby.
Un méchant bébé.

7

bag
baggage

A bag.   Baggage.
Un sac.   Des bagages.

bake

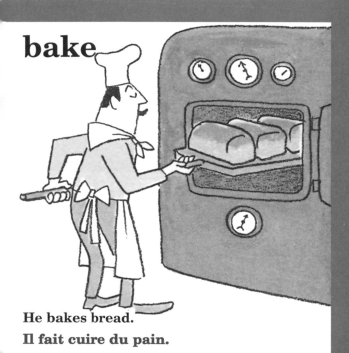

He bakes bread.
Il fait cuire du pain.

ball

He plays ball.
Il joue au ballon.

balloon

Baby likes balloons.
Bébé aime les ballons.

banana

Baby likes bananas.
Bébé aime les bananes.

band

Dog band.
Fanfare de chiens.

bank

A small bank.
Une tirelire.

8

barber

Aaron at the barber's.
Aaron chez le coiffeur.

bark

The dog barks.
Le chien aboie.

barn

Une grange.

basket

A baby in a basket.
Une bébé dans un panier.

What does baby like?
Qu'est-ce que bébé aime?

Baby likes balloons.
Bébé aime les ballons.

What doesn't baby like?
Qu'est-ce que bébé n'aime pas?

Baby doesn't like this basket.
Bébé n'aime pas ce panier.

bath

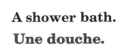

A bathtub.   A shower bath.
Une baignoire.   Une douche.

9

bear

Un ours.

bed

He is in bed.
Il est au lit.

bee

Angry bees.
Des abeilles en colère.

behind

He is behind the tree.
Il est derrière l'arbre.

bell

They are ringing bells.
Ils sonnent les cloches.

belt

He has a belt.
Il a une ceinture.

beside

He is beside the tree.
Il est à côté de l'arbre.

between

He is between two trees.
Il est entre deux arbres.

bicycle

Aunt Ada's bicycle.

La bicyclette de Tante Ada.

big

How big they are!

Comme ils sont grands!

bird

The bird flies.

L'oiseau vole.

birthday

Birthday cake.

Gâteau d'anniversaire.

bite

He bites his cake.

Il mange son gâteau.

black

A blackbird at a blackboard.

Un oiseau noir au tableau noir.

block

Six blocks.

Six cubes.

11

blow

The wind blows.
Le vent souffle.

blue

Bleu.

bones

The bones of a bear.
Les os d'un ours.

book

A book for birds.
Un livre pour les oiseaux.

boot

He wears red boots.
Il porte des bottes rouges.

bottle

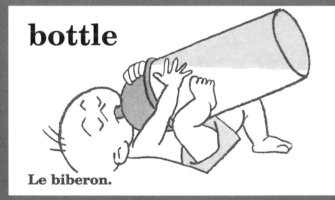

Le biberon.

bowl

Bananas in a bowl.
Bananes dans un bol.

box

Bananas in a box.
Bananes dans une boîte.

boy

A boy.   A girl.
Un garçon.   **Une fille.**

break

He is breaking it.
Il la casse.

breakfast

Breakfast in bed.
Petit déjeuner au lit.

breathe

Breathe in!   Breathe out!
Aspire!   **Expire!**

brick

He carries bricks.
Il porte des briques.

bridge

Under the bridge.
Sous le pont.

bright

Bright light.
Lumière vive.

bring

Bring me those balloons.
Apporte-moi ces ballons.

broom

Un balai.

brother

A bear and his brother.
Un ours et son frère.

brush

He brushes with a brush.
Il se brosse avec une brosse.

bubble

He makes a bubble.
Il fait une bulle.

14

build

They build a house.
Ils bâtissent une maison.

bump

He burned the toast.

Une bosse.

burn

He burned the toast.
Il a brûlé le pain grillé.

bus

Un autobus.

butter

A butterfly on the butter.
Un papillon sur le beurre.

button

Three big blue buttons.
Trois gros boutons bleus.

buzz

Bees buzz.
Les abeilles bourdonnent.

15

C c

cactus

Caught on a cactus.
Accroché à un cactus.

calf

A calf and its mother.
Un veau et sa mère.

call

"HERE, CAMEL, CAMEL, CAMEL."

Aunt Ada is calling her camel.
Tante Ada appelle son chameau.

cage

Lion cage.
Cage à lion.

16

camera

A camera.
Un appareil de photo.

camp

Campfire.
Feu de camp.

can

I can't open this can.
Je ne peux pas ouvrir cette boîte.

candle

Une bougie.

candy

Candies.
Des bonbons.

cap

Four caps.
Quatre casquettes.

car

A car.
Une auto.

A cart.
Une charrette.

castle

A castle.
Un château fort.

The dog caught the ball.
Le chien a attrapé la balle.

She will catch the fly.
Elle attrapera la mouche.

catch

Catch it!
Attrape-la!

chair

Three chairs for three bears.
Trois chaises pour trois ours.

chase

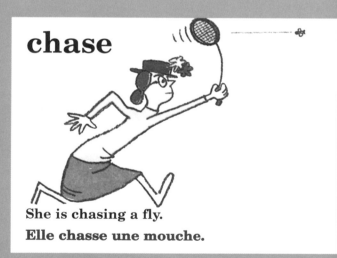

She is chasing a fly.
Elle chasse une mouche.

ceiling

A fly on the ceiling.
Une mouche au plafond.

cheese

I love cheese.
J'adore le fromage.

chicken

Chicken.
Le poulet.

Chicks.
Les poussins.

child

A child.
Un enfant.

Some children.
Des enfants.

chimney

Santa Claus in a chimney.
Le Père Noël dans une cheminée.

chin

Le menton.

Christmas

Merry Christmas.
Joyeux Noël.

church   l'église

circle

All in a circle.
Tous en rond.

city

Two villages.
Deux villages.

One city.
Une ville.

clock

Alarm clock.
Un réveil.

Cuckoo clock.
Un coucou.

clean

Cleaning the city.
On nettoie la ville.

clothes

Clothes drying.
Des habits qui sèchent.

climb

We climb up high.
Nous grimpons là-haut.

clown

A clown and his circus.
Un clown et son cirque.

coat

Fur coat.
Manteau de fourrure.

cold

He is cold.   Il a froid.

come

"Come!"   He comes.
"Viens!"   Il vient.

colours

Many colours.
Beaucoup de couleurs.

cook

A good cook.
Un bon cuisinier.

comb   un peigne

corn

They eat corn.
Ils mangent du maïs.

21

corner

A mouse in a corner.
Une souris dans un coin.

cow

A cow.   A calf.   A bull.
Une vache.   Un veau.   Un taureau.

could

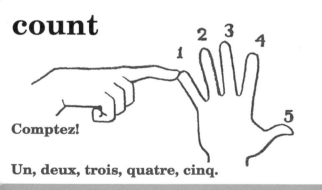

One could. The other couldn't.
L'un a pu. L'autre n'a pas pu.

Count the animals on this page.
Comptez les animaux
sur cette page.

One mouse.
Une souris.

Two bears.
Deux ours.

One cow.
Une vache.

One calf.
Un veau.

One bull.
Un taureau.

There are six animals.
Il y a six animaux.

count

Comptez!

Un, deux, trois, quatre, cinq.

country

La campagne.

crayon

Three crayons.
Trois crayons de couleur.

crow

One crow.
Un corbeau.

crowd

Here are ten crows.
Voici dix corbeaux.

cry

Baby cries hard.
Bébé pleure fort.

cup

A cup of tea.
Une tasse de thé.

crown

The king's crown.
La couronne du roi.

cut

Aaron cuts paper.
Aaron coupe du papier.

D d

dad

My daddy is dancing.

Mon papa danse.

deep

Very deep.

Très profond.

dark

It's dark.

Il fait noir.

It's light.

Il fait clair.

24

dentist

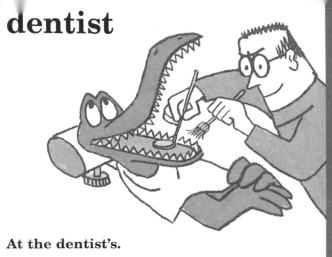

At the dentist's.
Chez le dentiste.

dinner

He cooks dinner.
Il fait le dîner.

After dinner, what does he do?
Après dîner, que fait-il?

dishes

He washes dishes.
Il lave la vaisselle.

dive

She dives.
Elle plonge.

do
faire

I do.
Je fais.

I did.
J'ai fait.

I will do.
Je ferai.

Well done.

Bien
fait.

doctor

A dog doctor.
Un docteur de chiens.

doll

A doll for a pound.
Une poupée d'une livre.

door

Close that door.
Ferme cette porte.

dot

Red dots.
Pois rouges.

down

En haut

En bas

dozen

There is a dozen of them.
Il y en a une douzaine.

draw

He draws a duck.
Il dessine un canard.

dream

Girl's dream.
Rêve de fille.

26

drink

The deer is drinking.
Le cerf boit.

drip

It's dripping.
Ça goutte.

drum

A big drum.
Un gros tambour.

dry

She dries her hair.
Elle fait sécher ses cheveux.

dump

A rubbish dump.
Une décharge.

dust

A cloud of dust.
Un nuage de poussière.

E e

ear

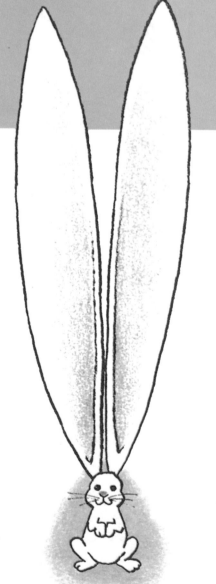

Big ears.
Grandes oreilles.

early

Early in the morning.
Tôt le matin.

east

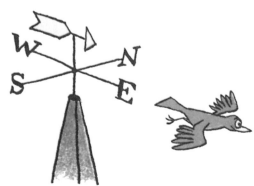

He flies east.
Il vole vers l'est.

28

eat

I eat eight eggs.
Je mange huit oeufs.

electric

An electric shaver.
Un rasoir électrique.

elephant

Un éléphant.

eleven

He ate eleven eggs.
Il a mangé onze oeufs.

empty

The bed is empty.
Le lit est vide.

end

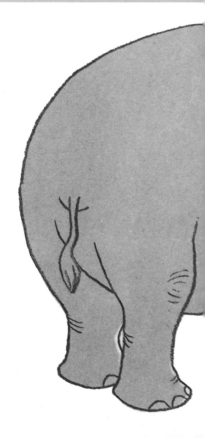

The back end.
L'arrière train.

entrance

Entrée.   Sortie.

exercise

She is exercising.
Elle fait de l'exercice.

Eskimo

Eskimo fishing.

Un Esquimau à la pêche.

What does Aaron do?
Que fait Aaron?

He goes in and out.
Il entre et il sort.

eye
l'oeil

Eyebrow.
Le sourcil.

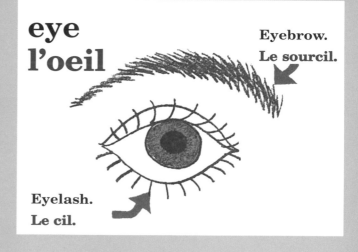

Eyelash.
Le cil.

every
chaque

The "every" words

Everyone
Chacun

Everybody
Tous

Everything
Tout

Everywhere
Partout

eyeglasses

Lunettes.

30

F f

fairy

La fée.

face

Wash your face.
Lave ton visage.

fall

She fell on her face.
Elle est tombée sur le visage.

31

family

A big family.
Une famille nombreuse.

fan

An electric fan.
Un ventilateur électrique.

far

The star is far.
L'étoile est loin.

farm

A farmer and his farm.
Un fermier et sa ferme.

fast

They are running fast.
Ils courent vite.

fat

A fat bear.   A thin bear.
Un gros ours.   Un ours maigre.

32

father

There is my father.
Voilà mon père.

feather

Pretty feathers.
Jolies plumes.

feed

He is being fed.
On lui donne à manger.

feel

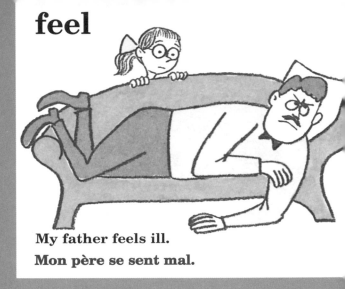

My father feels ill.
Mon père se sent mal.

feet

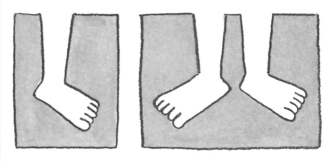

One foot.
Un pied.

Two feet.
Deux pieds.

fence

On the fence.
Sur la barrière.

33

few

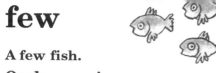

A few fish.
Quelques poissons.

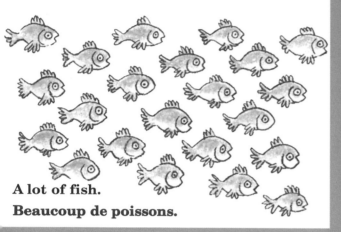

A lot of fish.
Beaucoup de poissons.

fight

Une bataille.

fill

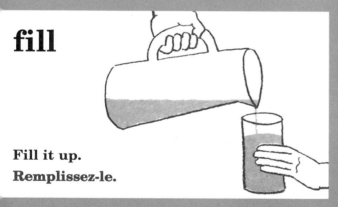

Fill it up.
Remplissez-le.

find

He finds a franc.
Il trouve un franc.

finger

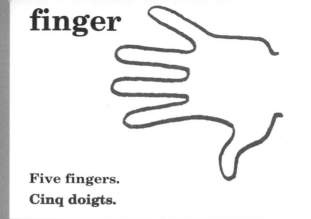

Five fingers.
Cinq doigts.

fire

Fire! Fire!
Au feu! Au feu!

firefly

La luciole.

first

First.   Second.   Third.
Premier.   Deuxième.   Troisième.

five

Five pelicans.
Cinq pélicans.

fix

Fix it, Daddy.
Répare-le, Papa.

flag

Many flags.
Beaucoup de drapeaux.

flap

A pelican flapping its wings.
Un pélican qui bat des ailes.

flat

Flat tyre.
Pneu à plat.

float

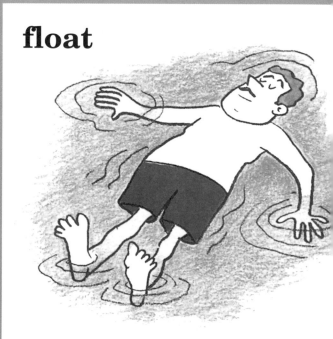

My father is floating.
Mon père flotte.

35

floor

Ceiling.
Le plafond.

Floor.
Le plancher.

flower

A big flower.
Une grande fleur.

fly

Aaron is flying again.
Aaran vole encore.

follow

Let's follow him!
Suivons–le!

food   la nourriture

fork

A knife.
Un couteau.

A fork.
Une fourchette.

36

found

He found a fox.
Il a trouvé un renard.

freeze

It's freezing in here.
On gèle ici.

four

Four brown foxes.
Quatre renards bruns.

fresh

Here is a fresh egg.
Voici un oeuf frais.

free

Free at last!
Enfin libre!

friend

Two good friends.
Deux bonnes amies.

frown

He is frowning.
Il fronce les sourcils.

fruit
les fruits

des raisins

un pamplemousse

une poire

un ananas

un citron

une banane

fun

They are having fun.
Ils s'amusent bien.

G g

game

A game of cards.
Un jeu de cartes.

garbage

Her garbage can.
Sa poubelle.

garage

Her garage.
Son garage.

garden

Her flower garden.
Son jardin de fleurs.

gargle

He gargles.
Il se gargarise.

gas

She puts the pie in the gas oven.
Elle met la tarte dans le four à gaz.

gave

He gave him some petrol.
Il lui a donné de l'essence.

get

We got a bike for Christmas.
Nous avons eu un vélo pour Noël.

giant

Un géant.

giraffe

Une girafe.

glad

Glad.
Content.

Sad.
Triste.

glass

Du verre.

glove

Four boxing gloves.
Quatre gants de boxe.

go

The sun goes down.
Le soleil se couche.

gone

The sun has gone.
Le soleil a disparu.

good

Good dog.
Bon chien.

Bad dog.
Méchant chien.

41

goodbye

Au revoir.

goose

A goose.
Une oie.

Two geese.
Deux oies.

grandfather

My father.
Mon père.

My grandfather.
Mon grand-père.

grandmother

My grandmother.
Ma grand-mère.

grape

Sour grapes.
Des raisins verts.

grass

Goats eat grass.
Les chèvres mangent de l'herbe.

grasshopper

Les sauterelles.

grey

He paints the wall grey.

Il peint le mur en gris.

grow

My flowers grow.

Mes fleurs poussent.

groceries

Les commissions.

guess

Guess who it is!

Devine qui c'est!

ground

Underground.

Sous-sol.

gun

He shoots with his gun.

Il tire avec son fusil.

43

H h

hair

I don't have much hair.
Je n'ai pas beaucoup de cheveux.

hall

Hall.
Le couloir.

half

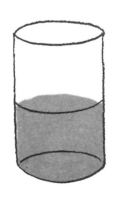

Half full.
A moitié plein.

What is in the glass?
Qu'y a-t-il dans le verre?

Orange juice, I think.
Du jus d'orange, je crois.

ham

A ham sandwich.
Un sandwich au jambon.

hammer

A red hammer.
Un marteau rouge.

hand

Two hands.
Deux mains.

hang

Hang it on the hanger.
Pends-le sur le cintre.

happen

Everything happens to me.
Tout m'arrive.

happy

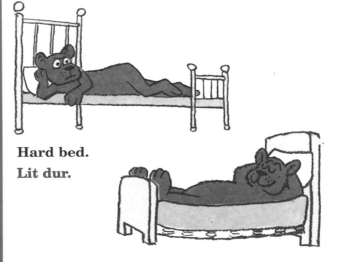

Happy birthday.
Joyeux anniversaire.

hard

Hard bed.
Lit dur.

Soft bed.
Lit mou.

45

hat

His hat.
Son chapeau.

Hers.
Le sien.

heart

Ace of hearts.
As de coeur.

hay

Cows eat hay.
Les vaches mangent du foin.

heavy

Very heavy.
Très lourd.

head

She stands on her head.
Elle se tient sur la tête.

helicopter

hear

He hears far.
Il entend de loin.

Aunt Ada's helicopter.
L'hélicoptère de Tante Ada.

hello

Allô!

help

Au secours!

hen

My mother is a hen.
Ma mère est une poule.

here

Hair here, not there.
Des cheveux ici, pas là.

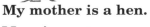

hide

Aaron is hiding.
Aaron se cache.

high

Up high.
En haut.

Down low.
En bas.

hit

He hits hard.
Il frappe fort.

47

hold

Aaron is holding a baby.
Aaron tient un bébé.

hole

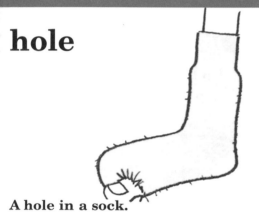

A hole in a sock.
Un trou dans une chaussette.

holiday

Christmas holidays.
Les vacances de Noël.

hollow

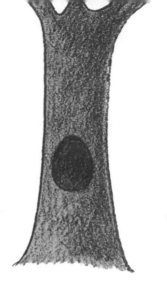

The hollow tree.
L'arbre creux.

home

This is my home.
C'est ma maison.

honey

Honey in a jar.
Du miel dans un pot.

Where is the owl's house?
Où est la maison du hibou?

In the hollow tree.
Dans l'arbre creux.

horse

Un cheval.

hook

Fishhook.
Un hameçon.

hot

He feels hot.
Il a chaud.

hop

A frog hopping.
Une grenouille qui saute.

hour

It's twenty past eight.
Il est huit heures vingt.

horn

A goat with three horns.
Une chèvre avec trois cornes.

house

A horse in a house.
Un cheval dans une maison.

hump

One hump.   A dromedary.
Une bosse.   Un dromadaire.

Two humps.   A camel.
Deux bosses.   Un chameau.

hungry

They are hungry.
Ils ont faim.

hunt

He hunts duck.
Il chasse le canard.

hurry

Don't hurry so.
Ne va pas si vite.

hurt

He hurt himself.
Il s'est fait mal.

50

I i

ice cream

Une glace.

ice skates

Patins à glace.

igloo

Une maison esquimau.

inch

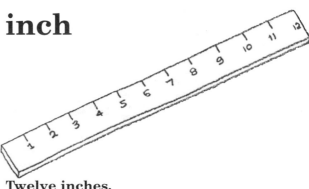

Twelve inches.
Douze pouces.

Indian

An American Indian.
Un Indien Américain.

An Indian from India.
Un Indien des Indes.

iron

He is ironing his pants.
Il repasse son pantalon.

ink

L'encre.

itch

I itch.
Ça me démange.

insect

Insects in my igloo.
Des insectes dans mon igloo.

Who ironed his pants?
Qui a repassé son pantalon?

The American Indian.
L'Indien américain.

On an island.
Sur une île.

jacket

Jerome and his jacket.
Jérôme et sa veste.

jam

Julien likes jam.
Julien aime la confiture.

jack-o-lantern

Jean and his jack-o-lantern.
Jean et sa citrouille.

jelly

Jacques loves jelly.
Jacques adore la gelée.

53

jet

Jean is in his jet.

Jean est dans son avion à réaction.

joke

He plays a joke on Jacques.

Il fait une farce à Jacques.

juice

Julien makes juice.

Julien fait du jus.

jump

Jacques jumps high.

Jacques saute haut.

jungle

Jerome in the jungle.

Jérôme dans la jungle.

junk

They all like junk.

Ils aiment tous le bric-à-brac.

K k

kangaroo

Un kangourou.

keep

Keep away.
Ne t'approche pas.

kettle

La bouilloire.

key

Key.
La clef.

Keyhole.
Le trou de la serrure.

kick

She kicks.

Elle donne un coup de pied.

king

Le roi.

kill

Let's kill that fly!

Tuons cette mouche!

kiss

He kisses her.

Il l'embrasse.

kind

Two kinds of birds.

Deux espèces d'oiseaux.

kite

No kite here!

Pas de cerf-volant ici!

kitten

Mother cat.
La chatte.

Kitten.
Le petit chat.

knees

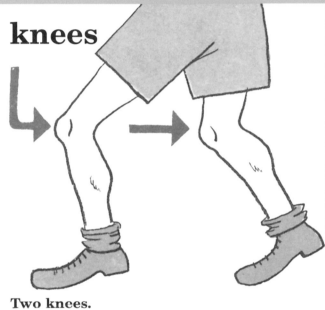

Two knees.
Deux genoux.

knife

Don't eat with your knife!
Ne mange pas avec ton couteau!

knock

He knocks at the door.
Il frappe à la porte.

know

I know he is going to fall.
Je sais qu'il va tomber.

I knew it.
Je le savais.

57

L l

ladder

She climbs a ladder.
Elle monte à l'échelle.

lamb

My child is a lamb.
Mon enfant est un agneau.

lake

Lake Minnihaweetonka.
Lac Minnihaweetonka.

land

La terre.

Sea.
La mer.

58

lap

Sit on my lap.

Assieds-toi sur mes genoux.

late

Late for school.

En retard à l'école.

lasso

He catches it
with a lasso.
Il l'attrape au lasso.

laugh

He is laughing.   He is crying.
Il rie.   Il pleure.

last

The last one.
Le dernier.

lazy

We are all lazy.
Nous sommes tous paresseux.

59

learn

He learns to fly.
Il apprend à voler.

letter

He posts a letter.
Il met une lettre à la poste.

leg

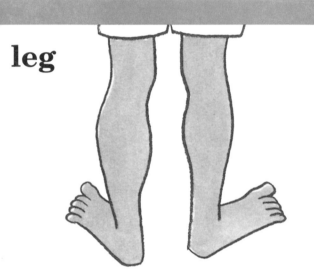

Left leg.   Right leg.
Jambe gauche.   Jambe droite.

library

Une bibliothèque.

let

Let me out of here.
Laisse-moi sortir d'ici.

lick

He licks his hand.
Il lèche sa main.

60

lie

Lie down.
Couche-toi.

He did.
Il l'a fait.

lift

He is lifting lemons.
Il soulève des citrons.

light

A light in the night.
Une lumière dans la nuit.

lightning

Un éclair.

lion

Aunt Ada likes lions.
Tante Ada aime les lions.

lip

Red lips.
Lèvres rouges.

61

listen

Let's listen to the bird.
Ecoutons l'oiseau.

lollipops

Baby likes lollipops.
Bébé aime les sucettes.

long

Long.

Longer.
Plus long.

Longest.
Le plus long.

little

Little bird.
Petit oiseau.

Big bird.
Grand oiseau.

log

On a log.
Sur un tronc d'arbre.

look

He looks for his sock.
Il cherche sa chaussette.

loose

The goose is loose.
L'oie s'est détachée.

luck

It brings good luck.
Il porte bonheur.

loud

Fort.

Louder.
Plus fort.

Loudest.
Le plus fort.

lump

Un morceau.

love

She loves her baby.
Elle aime son bébé.

lunch

His lunch.
Son déjeuner.

M m

machine

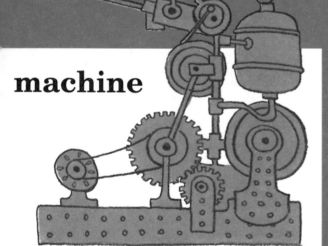

Une machine.

made

I made that machine.
J'ai fait cette machine.

magic

A magician makes magic.
Un magicien fait de la magie.

64

mail

The postman brings the mail.
Le facteur apporte le courrier.

map

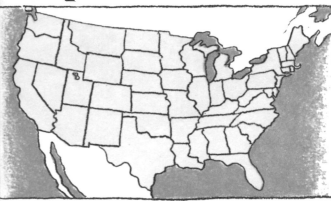

A map of the United States.
Une carte des Etats-Unis.

make

He is making another machine.
Il fait une autre machine.

marble

They play marbles.
Ils jouent aux billes.

man

A man.
Un homme.

Three men.
Trois hommes.

Many men.
Beaucoup d'hommes.

mask

He is wearing a moose mask.
Il porte un masque d'élan.

65

mat

Door mat.
Paillasson.

match

He did it with a match.
Il l'a fait avec une allumette.

may

He may dive.
Il se peut qu'il plonge.

meat

At the butcher's.
A la boucherie.

meow

"Meow," says the cat.
"Miaou," dit le chat.

merry

A merry-go-round.
Un manège de chevaux de bois.

mess

An awful mess.
Un gâchis terrible.

minute

Five minutes to five.
Cinq heures moins cinq.

midnight

It's midnight.
Il est minuit.

miss

He missed the bus.
Il a râté l'autobus.

million

There are millions of stars.
Il y a des millions d'étoiles.

mitten

Eight mittens.
Huit moufles.

mix

He mixes the eggs and the flour.

Il mélange les oeufs et la farine.

month

The twelve months.

Les douze mois.

money

So much money!

Tant d'argent!

James has so much money!

Jacques a tant d'argent!

He has more than John.

Il en a plus que Jean.

John has only one coin.

Jean a seulement une pièce.

moo

Cows go "moo".

Les vaches font "meuh".

They also give milk.

Elles donnent aussi du lait.

68

moon

Aaron is flying to the moon.
Aaron vole vers la lune.

morning

What a beautiful morning!
Quel beau matin!

mother

She is my mother.
C'est ma mère.

mountain

High mountain.   Low hill.
Haute montagne.   Colline basse.

mouth

Mouth open.   Mouth shut.
Bouche ouverte.   Bouche fermée.

69

move

They are moving.
Ils déménagent.

mow

Aaron mows the lawn.
Aaron tond le gazon.

Mr. and Mrs.

Monsieur et Madame.

mud

She is stuck in the mud.
Elle s'est enlisée dans la boue.

music

They are playing music.
Ils jouent de la musique.

mustard

That's too much mustard.
C'est trop de moutarde.

N n

nail

Un clou.

name

"What's your name?"
"Quel est ton nom?"

near

I live near Nubbglubb.
J'habite près de Nubbglubb.

71

neck

He has a bow tie on his neck.
Il a un nœud papillon au cou.

never

He will never catch me.
Il ne m'attrapera jamais.

need

We need a bath.
Nous avons besoin d'un bain.

new

New shoe.
Soulier neuf.

Old shoe.
Vieux soulier.

nest

Un nid.

newspaper

THE DAILY NEWS

Le journal.

net

Un filet.

72

next

I am the next one.
Je suis le suivant.

night

La nuit.

nine

Nine nights.
Neuf nuits.

no

No, there is none.
Non, il n'y en a pas.

noise

Stop that noise!
Arrête ce bruit!

noodle

I like noodles.
J'aime les nouilles.

noon

Midi.

north

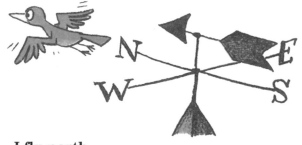

I fly north.
Je vole vers le nord.

73

nose

Little nose.
Petit nez.

Big nose.
Gros nez.

nothing

Nothing at all.
Rien du tout.

now

What time is it now?
Quelle heure est-il maintenant?

numbers

nombres

nurse

Aaron's nurse.
L'infirmière d'Aaron.

nut

A coconut falls.
Une noix de coco tombe.

74

ocean

All alone on the ocean.
Tout seul sur l'océan.

off

He fell off.
Il est tombé.

office

My father's office.
Le bureau de mon père.

often

I fall off often.
Je tombe souvent.

oil

I oil my bike.
J'huile mon vélo.

old

An old, old mouse.
Une vieille, vieille souris.

one

One onion, just one.
Un oignon, un seul.

open

Mouth open.
Bouche ouverte.

Mouth shut.
Bouche fermée.

ostrich

We have an ostrich.
Nous avons une autruche.

over

Over a clover.
Par dessus un trèfle.

other

One is green, the other orange.
L'une est verte, l'autre orange.

overalls

Aaron's overalls.
La combinaison d'Aaron.

ouch

Aïe!

out

Out of the house is outside.
Hors de la maison c'est dehors.

Do you play outside or inside?
Jouez-vous dehors ou dedans?

Outside, when it's sunny.
Dehors, quand il y a du soleil.

Inside when it rains.
Dedans quand il pleut.

P p

pack

He is packing.

Il fait sa valise.

paddle

Canoe paddle.

Une pagaie de canoë.

page

He turns the page.

Il tourne la page.

package

He carries many packages.

Il porte beaucoup de paquets.

pails

Three red pails.

Trois seaux rouges.

paint

He is painting his portrait.

Il peint son portrait.

pair

Here is Aaron in a pair of pyjamas.

Voici Aaron en pyjama.

palace

Look at my palace.

Regardez mon palais.

pan

A pan full of pancakes.

Une poële pleine de crêpes.

pants

A pair of blue pants.

Un pantalon bleu.

papa

There is my papa.

Voilà mon papa.

paper

Newspapers are made of paper.
Les journaux sont faits de papier.

parachute

He jumps with his parachute.
Il saute avec son parachute.

parade

A parade in a park.
Un défilé dans un parc.

part

Part man, part horse.
En partie homme, en partie cheval.

party

A birthday party.
Une réunion d'anniversaire.

past

It's past nine o'clock.
Il est neuf heures passées.

pat

He is patting the dog.
Il caresse le chien.

paw

The dog's paw.
La patte du chien.

pay

They are paying for their tickets.
Ils paient leurs billets.

peanuts

Aaron likes peanuts.
Aaron aime les cacahuètes.

pedal

Bike pedals.
Pédales de bicyclette.

pen
pencil

A pen.   A pencil.
Une plume.   Un crayon.

people

People.   Animals.
Les gens.   Les animaux.

pepper

Pepper.   Salt.
Le poivre.   Le sel.

81

pet

Animal domestique.

piano

Le piano.

pick

They are picking up.
Ils ramassent.

phone

A phone box.
Une cabine téléphonique.

pie

A piece of pie.
Un morceau de tarte.

Do you have a pet?
Avez-vous un animal chez vous?

Yes, I have a dog and a cat.
Oui, j'ai un chien et un chat.

pig

A pink pig.
Un cochon rose.

pin

Safety pin.

Une épingle de nourrice.

pinch

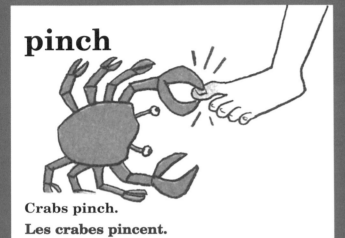

Crabs pinch.

Les crabes pincent.

pirate

A frightening pirate.

Un effrayant pirate.

pit

He digs a pit.

Il creuse un trou.

plant

He plants a tree.

Il plante un arbre.

plate

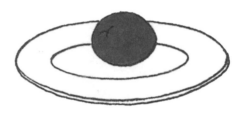

A plum on a plate.

Une prune dans une assiette.

play

They are playing.

Ils jouent.

83

please

S'il vous plaît.

pole

Pole vaulting.
Saut à la perche.

pockets

The kangaroo's pocket.
La poche du kangourou.

police

A policeman on a horse.
Une gendarme à cheval.

point

They point.
Ils montrent du doigt.

pony

Un poney.

pool

A swimming pool.
Une piscine.

Is the policeman on a pony?
Le gendarme est-il sur un poney?

Absolutely not.
Absolument pas.

He is on a horse.
Il est sur un cheval.

porpoise

Happy porpoises.
Joyeux dauphins.

pot

Hot pot.
Casserole chaude.

potato

Hot potato.
Pomme de terre chaude.

pound

A sixteen-pound baby.
Un bébé de seize livres.

pour

He is pouring some juice.
Il verse du jus.

prize

Prix.

push

Aunt Ada is pushing her car.
Tante Ada pousse son auto.

puddle

Flaque.

pull

Pull me out of here.
Sortez-moi d'ici.

put

He puts out the cat.
Il met le chat dehors.

puppy

He is my puppy.
C'est mon chiot.

puzzle

Un jeu de patience.

86

Q q

quack

The ducks go "quack."
Les canards font "coin."

quart

A quart of milk.

Un quart de lait.

quick

"Quick, take it back!" she says.

"Vite, reprenez-le!" dit-elle.

queen

"Here, Queen, a quart of milk."

"Voici, Reine, un quart de lait."

quiet

He took it away quietly.

Il l'emporta sans bruit.

question

The queen asks a question.

La reine pose une question.

"Is the milk fresh?"

"Le lait est-il frais?"

"No, Queen, it is not."

"Non, Reine, il ne l'est pas."

88

R r

rabbit

Here is a rabbit.
Voici un lapin.

race

The rabbits are racing.
Les lapins font la course.

radio

IT IS
GOING
TO RAIN

He listens to the radio.
Il écoute la radio.

rain

It rains on the rabbits.
Il pleut sur les lapins.

raincoat

They wear raincoats.
Ils portent des imperméables.

ranch

A ranch is a large farm.
Un ranch est une grande ferme.

rat

A grey rat.
Un rat gris.

read

This rat is reading.
Ce rat lit.

red

Rouge.

refrigerator

Une réfrigérateur.

reindeer

A reindeer in the refrigerator.
Un renne dans le réfrigérateur.

90

remember

I can't remember his name.
Je ne peux me souvenir de son nom.

rest

He is resting.
Il se repose.

ribbon

Many ribbons.
Beaucoup de rubans.

rich

The king is rich.
Le roi est riche.

ride

They ride a rhinoceros.
Ils montent un rhinocéros.

right

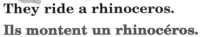

Left foot.   Right foot.
Un pied gauche.   Un pied droit.

ring

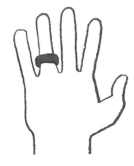

Une bague.

ring

Our phone is always ringing.
Notre téléphone sonne sans cesse.

rock

Many rocks.
Beaucoup de rochers.

river

Ducks on a river.
Des canards sur une rivière.

rocket

A rocket over the mountains.
Une fusée au-dessus des montagnes.

road

How many ducks are there?
Combien de canards y a-t-il?

There are six of them.
Il y en a six.

Three swim. Three walk.
Trois nagent. Trois marchent.

Ducks on a road.
Des canards sur une route.

roll

She is rolling fast.
Elle roule vite.

roof

A roller-skater on the roof.
Une patineuse à roulettes sur le toit.

room

My room is untidy.
Ma chambre est en désordre.

rooster

The rooster and his hen.
Le coq et sa poule.

rope

They pull on the rope.
Ils tirent sur la corde.

rose

Roses for the queen.
Des roses pour la reine.

93

round

Hoops are round.

Les cerceaux sont ronds.

rug

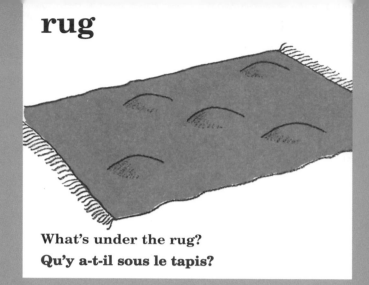

What's under the rug?

Qu'y a-t-il sous le tapis?

row

He rows in his boat.

Il rame dans son bateau.

row

In a row.

En file.

run

TO ROCHESTER

They are running to Rochester.

Ils courent à Rochester.

rub

He rubs himself.

Il se frotte.

S s

sad

A very sad dog.
Un chien très triste.

saddle

La selle.

safe

He is tied. I'm safe.
Il est attaché. Je suis tranquille.

95

sail

A sailor in his sailing boat.
Un marin sur son bateau à voile.

sandwich

An enormous sandwich.
Un énorme sandwich.

same

We have the same smile.
Nous avons le même sourire.

sank

My sailboat sank.
Mon bateau à voile a coulé.

sand

He plays in the sand.
Il joue dans le sable.

save

He saves money.
Il met de l'argent de côté.

He saves nuts.
Il met des noix de côté.

saw

I see a saw.
Je vois une scie.

saw

I saw a seesaw.
J'ai vu une balançoire.

say

What is baby saying?
Que dit bébé?

scissors

Des ciseaux.

scooter

He rides on his scooter.
Il monte sur sa trottinette.

scratch

He scratches.   Il se gratte.

sea
seal

A seal in the sea.
Un phoque dans la mer.

97

season

Il y a

quatre saisons.

Spring.
Le printemps.

Autumn.
L'automne.

Summer.
L'été.

Winter.
L'hiver.

98

seeds
graines

Plant them.
Plantez-les.

They grow.
Elles poussent.

sell

He sells hot dogs.
Il vend des saucisses chaudes.

send

Mother sends us to bed.
Maman nous envoie au lit.

set

A set of books.
Une collection de livres.

A TV set.
Un appareil de télévision.

seven

The seven sisters.
Les sept sœurs.

99

sew

The seven sisters are sewing.
Les sept sœurs cousent.

sharp

Needles are sharp.
Les aiguilles sont pointues.

shadow

Aunt Ada's shadow.
L'ombre de Tante Ada.

she

She is my sister.
Elle est ma sœur.

shake

They shake paws.
Ils se serrent la patte.

sheep

The sheep bleats.
Le mouton bêle.

100

shell

My house is a shell.
Ma maison est une coquille.

shoot

He shoots well with the bow.
Il tire bien à l'arc.

shine

My shoes shine.
Mes souliers brillent.

short

My shirt is too short.
Ma chemise est trop courte.

ship

A ship is a big boat.
Un navire est un grand bateau.

shout

He shouts.
Il crie.

101

show

Daddy shows it upside down.
Papa le montre à l'envers.

side

Left side.   Right side.
Côté gauche.   **Côté droit.**

Inside.   Outside.
Dedans.   **Dehors.**

shut
shutters

He shuts the shutters.
Il ferme les volets.

sign

Signboards.
Enseignes.

sick

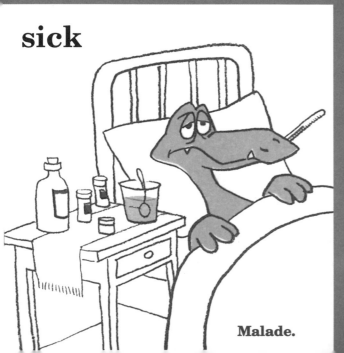

Malade.

silly

He is being silly.
Il fait le bête.

102

sing

The seven sisters sing.
Les sept sœurs chantent.

sit

The seven sisters sit down.
Les sept sœurs s'asseyent.

six

Six skunks.
Six putois d'Amérique.

skate

A skunk skating.
Un putois d'Amérique qui patine.

sky

We fly in the sky.
Nous volons dans le ciel.

sledge

Une luge.

sleep

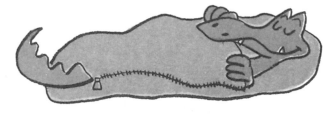

He sleeps in a sleeping bag.
Il dort dans un sac de couchage.

103

slide

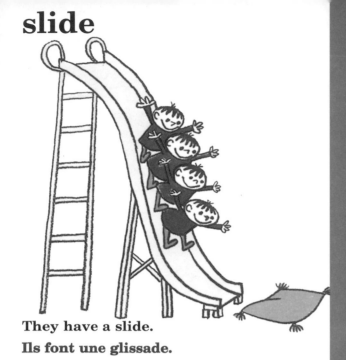

They have a slide.
Ils font une glissade.

slow

Slow.   Fast.
Lent.   Rapide.

small

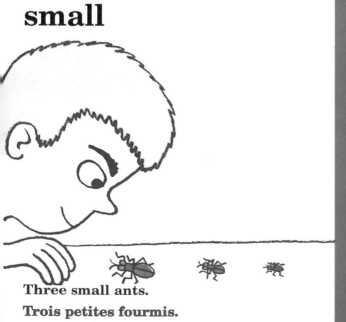

Three small ants.
Trois petites fourmis.

smell

Skunks smell bad.
Les putois sentent mauvais.

smile

Big smile.
Grand sourire.

smoke

The chimneys smoke.
Les cheminées fument.

snack

He is eating a snack.
Il casse la croûte.

sneeze

The snake sneezes.
Le serpent éternue.

sniff

She sniffs the cheese.
Elle flaire le fromage.

What does Aaron like?
Qu'est-ce qu'Aaron aime?

He likes his snack.
Il aime son casse-croûte.

What does the mouse like?
Qu'est-ce que la souris aime?

She likes her cheese.
Elle aime son fromage.

snow
la neige

Snowman.
Un bonhomme de neige.

Snowball.
Une boule de neige.

Snowshoes.
Des raquettes.

Snowshovel.
Une pelle à neige.

soap

Soapsuds.
Mousse de savon.

sock

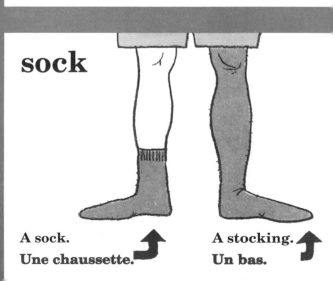

A sock.
Une chaussette.

A stocking.
Un bas.

some
quelque

Someone
Quelqu'un

Something
Quelque chose

Sometimes
Quelquefois

Somewhere
Quelque part

spider

A spider's web.
Une toile d'araignée.

spill

He has spilt his milk.
Il a renversé son lait.

south

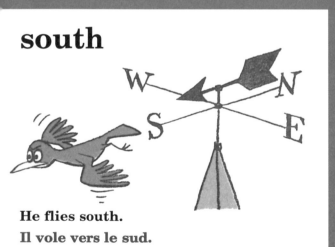

He flies south.
Il vole vers le sud.

spell

How do you spell Llewellyn?
Comment épelez-vous Llewellyn?

spin

The top spins.
La toupie tournoie.

splash

A big splash.
Une grosse éclaboussure.

spot

He has many spots.
Il a beaucoup de taches.

stair

He goes downstairs.
Il descend l'escalier.

stamp

I stick the stamp.
Je colle le timbre.

stand

The soldiers are standing up.
Les soldats se tiennent debout.

start

She can't start.
Elle ne peut pas démarrer.

107

station

Railway station.
La gare.

stay

Stay at home.
Reste à la maison.

steps

Very steep steps.
Marches très raides.

stick

He brings back the stick.
Il rapporte le bâton.

still

They stand still.
Ils se tiennent immobiles.

sting

Mosquitoes sting.
Les moustiques piquent.

stone

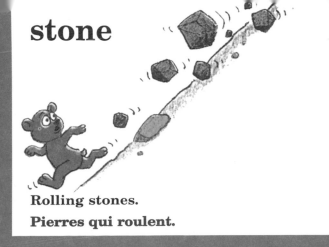

Rolling stones.
Pierres qui roulent.

stop

He stopped.
Il s'est arrêté.

story

He reads them a story.
Il leur lit une histoire.

straight

Straight hair.
Cheveux raides.

Curly hair.
Cheveux bouclés.

street

La rue.

string

A long string.
Une longue ficelle.

suit

He looks at the suits.
Il regarde les costumes.

sun

Daddy got a sunburn.
Papa a attrapé un coup de soleil.

swallow

She swallows four oranges.
Elle avale quatre oranges.

sweaters

They wear sweaters.
Ils portent des chandails.

sweep

He sweeps.
Il balaie.

swim

Fish swim.
Les poissons nagent.

swing

Four on a swing.
Quatre sur une balançoire.

T t

table

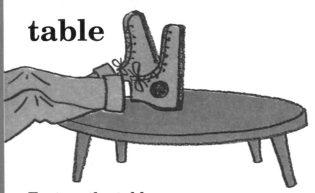

Feet on the table.
Pieds sur la table.

take

Take your feet off.
Enlève tes pieds de là.

tail

A long tail.
Une longue queue.

talk

They are all talking.
Ils parlent tous.

111

tall

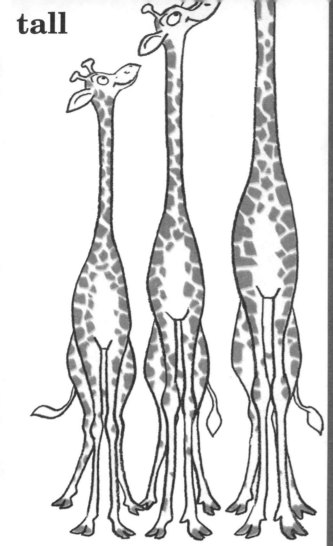

Three tall giraffes.
Trois grandes girafes.

taste

He tasted the lemon.
Il a goûté le citron.

teach

He teaches them to sing.
Il leur enseigne le chant.

Who teaches the birds?
Qui enseigne aux oiseaux?

The music teacher.
Le professeur de musique.

They all sing well.
Ils chantent tous bien.

tame

He tames lions.
Il dompte les lions.

television

They watch television.
Ils regardent la télévision.

tell

He tells them, "Not so loud."
Il leur dit, "Pas si fort."

ten

There are ten in the tent.
Il y en a dix sous la tente.

thank

Thanks for the tomatoes.
Merci pour les tomates.

thermometer

Un thermomètre.

thing

A green thing.
Une chose verte.

think

He thinks of a red thing.
Il pense à une chose rouge.

113

thread

Le fil.

throw

Did you throw it?
L'as-tu jetée?

three

Three things: one, two, three.
Trois choses: une, deux, trois.

thumb

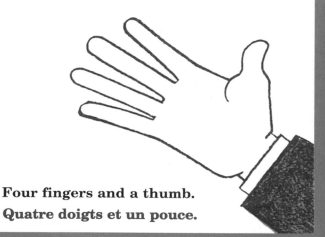

Four fingers and a thumb.
Quatre doigts et un pouce.

threw

He threw it through the window.
Il la jeta par la fenêtre.

tie

He tied the tiger.
Il a attaché le tigre.

time

He points out the time.
Il indique l'heure.

tired

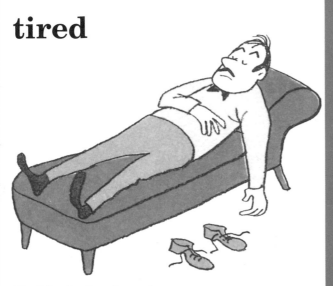

Daddy is tired again.
Papa est encore fatigué.

today

Today is the twelfth.
Aujourd'hui c'est le douze.

toe

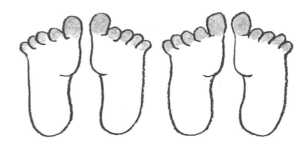

Twenty toes.
Vingt doigts de pieds.

tongue

La langue.

too

Too fat.   Too thin.
Trop gros.   Trop maigre.

tooth

A tooth.
Une dent.

Teeth.
Des dents.

Toothbrush.
Une brosse à dents.

top

On top of his hat.
Sur son chapeau.

towel

A bear with a towel.
Un ours avec une serviette.

tower

The bear is on top of the tower.
L'ours est en haut de la tour.

toy

He plays with his toys.
Il joue avec ses jouets.

train

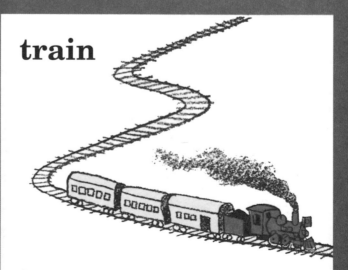

A train on its tracks.
Un train sur ses rails.

tree

On top of the tree.
Sur le sommet de l'arbre.

truck

A truck full of rabbits.
Un camion plein de lapins.

trick

He does tricks.
Il fait des tours.

true

It's not true.
Ce n'est pas vrai.

tricycle

A bear on his tricycle.
Un ours sur son tricycle.

trunk

An elephant's trunk.
La trompe de l'éléphant.

117

try

I am trying to fly.
J'essaie de voler.

I shouldn't have tried it.
Je n'aurais pas dû essayer.

turkey

Two turkeys talking.
Deux dindons qui parlent.

turn

They turn to the left.
Ils tournent à gauche.

turtle

The turtles turn to the right.
Les tortues tournent à droite.

twins

Des jumelles.

typewriter

Une machine à écrire.

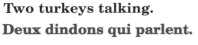
118

U u

umbrella

My uncle with his umbrella.
Mon oncle avec son parapluie.

underwear

My uncle in his long underwear.
Mon oncle en caleçons longs.

up

He is upside down up there.
Il est à l'envers là-haut.

us

We laugh at him.
Nous nous moquons de lui.

useful

He is very useful.
Il est très utile.

119

V v

vacation

We are on vacation.
Nous sommes en vacances.

vacuum

Vacuum cleaner.
L'aspirateur.

valentine

What is in our trailer?
Qu'y a-t-il dans notre remorque?

Everything is in there.
Tout y est.

A Valentine card.
Une carte pour la Saint Valentin.

valley

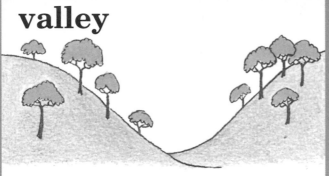

A valley between two hills.
Une vallée entre deux collines.

village

The village has red houses.
Le village a des maisons rouges.

vanilla

Vanilla.
A la vanille.

Strawberry.
A la fraise.

violin

He plays the violin.
Il joue du violon.

very

A very, very, very small dog.
Un très, très, très petit chien.

volcano

The volcano spits fire.
Le volcan crache du feu.

W
W

wag

He wags his tail.
Il remue la queue.

wagon

On a little wagon.
Sur un petit chariot.

wait

Wait for me.
Attendez-moi.

wake

Réveille-toi!

122

walk

Two cats walk on a wall.
Deux chats marchent sur un mur.

walrus

Walrus on a wall.
Un morse sur un mur.

warm

He is getting warm.
Il se réchauffe.

wash

He washes the baby.
Il lave le bébé.

watch

I look at my watch.
Je regarde ma montre.

water

She likes the water.
Elle aime l'eau.

way

Out of my way!
Hors de mon chemin!

123

wear

They wear green hats.

Elles portent des chapeaux verts.

went

We went out in the rain.

Nous sommes sortis sous la pluie.

week

Seven days in a week.

Sept jours dans une semaine.

wet

We were all wet.

Nous étions tout mouillés.

weigh

How much do we weigh?

Combien pesons-nous?

whack

She spanked us. Whack, Whack!

Elle nous a fessés. Pan, Pan!

whale

A whale is a big animal.
Une baleine est un grand animal.

wheel

Two big wheels.
Deux grandes roues.

which

Which one is Mary?
Laquelle est Marie?

whisker

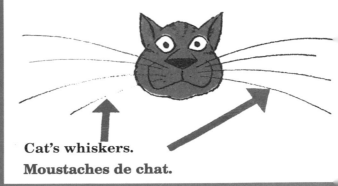

Cat's whiskers.
Moustaches de chat.

whisper

He whispers.
Il chuchotte.

whistle

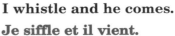

I whistle and he comes.
Je siffle et il vient.

white

Noir.   Blanc.

125

why

Why, why, why?
Pourquoi, pourquoi, pourquoi?

win

Who will win?
Qui gagnera?

wind

The wind came in the window.
Le vent est entré par fenêtre.

wing

I have a big wing.
J'ai une grande aile.

wink

I can wink.
Je peux cligner de l'oeil.

wipe

Wipe your feet.
Essuie tes pieds.

126

wish

My wish.
Mon souhait.

won't

I won't eat it.
Je ne le mangerai pas.

with
without

With mustard.
Avec moutarde.

Without mustard.
Sans moutarde.

wood

Sawing wood.
Il scie du bois.

woman

One woman.
Une femme.

Three women.
Trois femmes.

wool

Sheep's wool.
Laine de mouton.

word

oui

non

ici

voici

voilà

bon

merci

mauvais

Here are eight words.
Voici huit mots.

would

I would like to catch that worm.
J'aimerais bien attraper ce vers.

work

They work hard.
Ils travaillent dur.

write

I can write

Je sais écrire.

world

Around the world.
Autour du monde.

wrong

I KAN RITE

Aaron wrote it wrong.
Aaron l'a mal écrit.

xiphosuran

xanthochroid

"Oh oh! X words are hard.."

xylophagous

xerophthalmia

"Don't worry. Here are three easy ones."

xanthophyll

Words beginning with X.
Mots commençant par X.

Most of them are long.
La plupart sont longs.

Most of them are dull.
La plupart sont ennuyeux.

Most of them are hard to spell.
La plupart sont difficiles à écrire.

We don't use them very much.
Nous ne les utilisons pas beaucoup.

But these two here are useful.
Mais ces deux-ci sont utiles.

x-ray

X-rays of a bear.
Rayons-X d'un ours.

xylophone

He plays the xylophone.
Il joue du xylophone.

Y y

yard

Three feet equal a yard.
Trois pieds égalent un yard.

yard

A hippopotamus in the yard.
Un hippopotame dans la cour.

yawn

He yawns often.
Il baille souvent.

130

year

Months of the year.
Les mois de l'année.

yell

We both yell.
Nous hurlons tous les deux.

yellow

Jaune.

yet

Aren't you up yet?
N'es-tu pas encore levé?

young

Three young brothers.
Trois jeunes frères.

yoyo

He is delighted with his yoyo.
Il est ravi de son yoyo.

131

Z z

zebras

Galloping zebras.
Des zèbres qui gallopent.

zipper

A difficult zipper.
Une fermeture éclair difficile.

zero

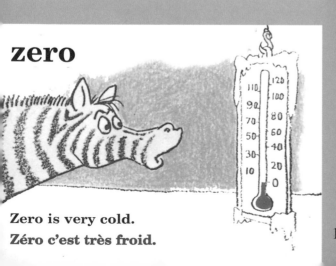

Zero is very cold.
Zéro c'est très froid.

zoo

Jardin zoologique.

132

zyxuzpf

Zyxuzpf birds are not found in France.

On ne trouve pas d'oiseaux zyxuzpf en France.